ITALIAN OPERA ARIAS

FOR

BASS-BARITONE WITH ORCHESTRA

4071

SUGGESTIONS FOR USING THIS MMO EDITION

WE HAVE TRIED TO CREATE a product that will provide you an easy way to learn and perform these operatic arias with a full orchestra in the comfort of your own home. Because it involves a fixed orchestral performance, there is an inherent lack of flexibility in tempo and cadenza length. The following MMO features and techniques will reduce these inflexibilities and help you maximize the effectiveness of the MMO practice and performance system:

Regarding tempi: we have observed generally accepted tempi, but some may wish to perform at a different tempo, or to slow down or speed up the accompaniment for practice purposes. You can purchase from MMO (or from other audio and electronics dealers) specialized CD players which allow variable speed in combination while maintaining proper pitch. This is an indispensable tool for the serious musician and you may wish to look into purchasing this useful piece of equipment for full enjoyment of all your MMO editions.

We want to provide you with the most useful practice and performance accompaniments possible. If you have any suggestions for improving the MMO system, please feel free to contact us. You can reach us by e-mail at mmogroup@musicminusone.com.

Music Minus One

4071

ITALIAN OPERA ARIAS
FOR
BASS-BARITONE
WITH ORCHESTRA

A Note on the Arias

DONIZETTI
DON PASQUALE
Act I: *"Ah! Un foco insolito"*
Sung by Don Pasquale

Donizetti's unquestionable comic masterpiece is *Don Pasquale*, and for a number of reasons it stands as one of the summits of 19th-century Italian comic opera. Donizetti (1797-1848) never lets his characters fall prey to this genre's common stereotypes. Rather, his characters feel fully human, breathe with reality. Not only does the work have comic sweep, but it is greatly enhanced by the pathos that is typical of Donizetti's more serious works. These facts serve to place *Don Pasquale* above the comic standard of the time, explaining its longevity.

Premièred at the Théâtre des Italiens in Paris on 3 January 1843, *Don Pasquale* came at the end of the great age of *opera buffa*. It was an instant success, and has remained popular until this day, being the last of its genre to still be in the international repertoire. By the time Donizetti had composed *Don Pasquale*, at the very end of his career, he already had over sixty operas behind him. No wonder this opera literally shines with its composer's sure theatrical touch.

The basso character Don Pasquale sings the aria *"Ah! Un foco insolito"* toward the end of Act I, Scene 1. After having consulted his doctor, this old bachelor joyously sings about what he interprets to be the symptoms of regained youth.

ROSSINI
L'ITALIANA IN ALGERI
Act I, Scene 3: *"Giá d'insolito ardore"*
Sung by Mustafà

Whereas *Don Pasquale* was Donizetti's last *opera buffa*, *L'Italiana in Algeri* is Rossini's first fully fledged two-act opera. As such, it is the first masterpiece of Gioacchino Rossini (1792-1868) in this form. It quickly became immensely popular, and was the first of his operas to be produced in Germany and in France (1816 and 1817, respectively). *L'Italiana in Algeri* is one of Rossini's most brilliant scores, as well as one of his most original. Premièred in Venice on 22 May 1813, it held its popularity even into the later years of the 19th century when most other Rossini operas had lost their hold on the public. Its modern revival dates from the mid-1920s and continues to this day.

After the opera's première, Rossini received some flack about having given a few of the recitatives to another, anonymous, composer. Due to this, rumors circulated that Rossini had simply recycled the entire score from the earlier version of the same opera by Luigi Mosca (written in 1808), which had used as its source the same libretto as Rossini's. This not the case at all, however. The reason for Rossini's handing out those recitatives to someone else? Needing to complete the score by its première, he composed the score in an amazing 27 days.

Mustafà's aria "Gia d'insolito adore" comes towards the end of Act I, Scene 3. Here, Mustafà, the Bey of Algiers, reveals his excitement at the prospects of the recently captured Italian girl.

VERDI
ERNANI
Act I, Scene 2:
"Che mai vegg'io!...
...Infelice! E tu credevi...
...L'offeso onor, signori..".
Sung by Silva

After the grandiosity of *Nabucco* and *I Lombardi*, Giuseppi Verdi (1813-1901) desired to write an entirely different kind of opera, one more typical of the literary romanticism of the day. In his search for this he turned to the contemporary poets and novelists who literally lived and breathed passion and emotional excess. Verdi decided upon *Hernani*, one of the most notorious landmark plays of the day. It was written in 1830 by one of the Romantic Age's greatest talents, France's Victor Hugo.

And with *Ernani*, Verdi struck gold: for in his music and his choice of librettist (Francesco Maria Piave, who became his longest-lasting and most trusted collaborator), Verdi achieved his greatest success to date. At its première in Venice on 9 March 1844, *Ernani* proved itself to be an instant triumph. Not only did it greatly enhance his reputation, but it was the first of his works to spread his fame internationally, within only a few short years reaching the London and New York stages.

The basso Silva's connected arias "Che mai vegg'io!... Infelice! E tu credevi...L'offeso onor, signori..." occur in Act I, Scene 2, where Silva returns to the room of his bride-to-be, Elvira, and discovers her in the company of two strangers. Outraged, he swears to avenge himself on these men. Silva, however, changes his tone when one of the men is discovered to be none other than the King himself, Don Carlo.

VERDI
MACBETH
Act II: *"Studia il passo…Come dal ciel precipita…".*
Sung by Banco

By the time Verdi composed the initial version of *Macbeth* in 1846-7, he was already a devoted Shakespearian. As such, he demanded that all involved in the production make this opera worthy of its original source. It was the first instance in which he took his soon-to-be standard minute interest in every facet of staging as well as in the music and the text.

Importantly, for its first production, Verdi did not commit himself to composing the music until he knew that the brilliant basso Felice Varesi was guaranteed to play the title rôle. He also demanded no expenses be spared, to avoid a shoddy production. Assured of that, Verdi devoted scrupulous attention to the production's historical accuracy, as well as to the more mundane, yet equally important, technical areas of lighting and props. Not even the movements and gestures of the minor singers escaped his attention.

Verdi's ardent attentions paid off. The première in Florence on 14 March 1847 was very well received, and *Macbeth* proved itself quite popular until the composer's own radical revision that premièred in Paris in 1865.

Banco's connected arias *"Studia il passo …Come dal ciel precipita…".* come in Act II. In this scene, as they travel through the darkness on their way to Macbeth's castle, Banco sings of his forebodings to his son Fleance. Banco's fears prove accurate, for as he finishes his aria, assassins come upon the scene, surreptitiously sent by Macbeth. They kill Banco. Fleance, however, manages to escape, thus allowing for the fulfillment of the witches' prophecy that Banco's heirs will eventually rule Scotland.

BELLINI
LA SONNAMBULA
Act I
"Vi ravviso, o luoghi ameni"
"Tu non sai con quei begli occhi"
Sung by Il Conte Rodolfo

Fourteen years before Verdi adapted Victor Hugo's romantic play *Hernani* to the operatic stage as *Ernani* in 1844, Vincenzo Bellini (1801-1835) made his own attempt. All during the late summer and autumn of 1830, Bellini and his librettist Felice Romani struggled valiantly yet futilely, while the story simply proved far too controversial for the conservative Italian critics of the day. Bellini and Romani abandoned *Hernani* and turned to something far more prosaic: *La Sonnambula*. As an alternate to the politically charged *Hernani*, *La Sonnambula* is an Arcadian idyll about a group of Swiss villagers being saved from their collective folly by the masterly charm of the Count Rodolfo.

Premiering in Milan on 6 March 1831, *La Sonnambula* proved an astute choice for Bellini, for the early performances of this opera are recorded as some of the most heavenly in the history of Italian opera. This was helped in no small measure by the fact that the rôle of Amina was played by one of the most amazing sopranos of the day, Giuditta Pasta, for whom Bellini also composed *Norma* and *Beatrice di Tenda*. But even without this greatest of singers, *La Sonnambula* would certainly not have gone unnoticed: for here is Bellini's first mature masterpiece, a powerhouse of lyricism.

Il Conte Rodolfo's adjacent arias *"Vi ravviso, o luoghi ameni"* and *"Tu non sai con quei begli occhi"* come in the middle of Act I. Here, the Count, in this charming cavatina, conjures his memories of the mill and countryside he left years before.

BELLINI
I PURITANI
Act II: *"Cinta di fiorio"*
Sung by Giorgio

I Puritani, also by Vincenzo Bellini, was never intended to be his final work—but then again, it is rare when any but a dying or retiring composer decides on which *will* be his final work. His death at age 34 was indeed tragic, but at the very least we can be grateful he was able to give the world the works that he did. *I Puritani* is indeed fitting for this master's final work, as it is the most sophisticated music he had yet composed.

I Puritani was premièred in Paris on 25 January 1835, at the Théâtre des Italiens, following in the footsteps at the same theatre of his fellow countryman, Rossini. Bellini also regularly consulted Rossini for advice while composing *I Puritani*, and spent more time on the work than any of his previous operas. Bellini's efforts paid off, for this work is the most brilliant and sophisticated of any of his operas—which makes his death, coming ten months after its première, all the more sad. The *largo maestoso* from Act III of the opera was fittingly sung at his funeral at Paris' Des Invalides on 2 October 1835.

Giorgio's aria "Cinta di fiori" takes place in the very beginning of Part 2 (also known as Act II). Here, Giorgio describes how the sleepwalker of the title, Elvira, wanders with her hair disheveled, and garlanded with flowers.

—*Douglas Scharmann*

DON PASQUALE
ACT I

"AH! UN FOCO INSOLITO"

Gaetano Donizetti
(1797-1848)

Ah!__ un fo-co in-so-li-to mi sen-to ad-dos-so, o-mai re-si-ste-re io più non pos-so. Dell' e - tà vec-chia scor-do i ma - lan - ni, mi sen-to gio-vi - ne, co-me a ven-t'an-ni. Deh! ca-ra af-fret-ta-ti, vie-ni, spo-si - na! Ec-co, di bam-bo-li mez-za doz-zi - na già veg-go na-sce-re, già veg-go cre-sce-re, a me d'in - tor - no

veg-go scher-zar, veg-go già na-sce-re, veg-go già cre-sce-re, a me d'in-tor-no

veg-go scher-zar. Vie-ni, vie-ni,

chè un fo-co in-so-li-to mi sen-to ad-dos-so, o ca-sco mor-to

qua. Ah!

8

un fo-coin-so-li-to mi sen-toad-dos-so, o-mai re-si-ste-re io più non pos-so.

Del-l'e-tà vec-chia scor-doi ma-lan-ni, mi sen-to gio-vi-ne co-mea ven-t'an-ni.

Deh! ca-raaf-fret-ta-ti, vie-ni, spo-si-na! Ec-co, di bam-bo-li mez-za doz-zi-na

già veg-go na-sce-re, già veg-go cre-sce-re a me d'in-tor-no veg-go scher-

zar, veg-go già na-sce-re, veg-go già cre-sce-re, a me d'in-tor-no veg-go scher-

20 Più mosso

zar. Deh! vie-ni af-fret-ta-ti, bel-la spo-si - na! Già, già di

bam-bo-li mez-za doz-zi - na a me d'in-tor - no veg -

go scher-zar. Deh! vie-ni af-fret-ta-ti, bel-la spo-si - na! Già, già di

bam - bo - li mez - za doz - zi - na a me d'in - tor - no veg -

go scher - zar, a me d'in - tor - no veg - go scher - zar, a me d'in -

tor - no veg - go scher - zar, a me d'in - tor - no veg -

go scher - zar.

L'Italiana in Algeri
Act I, Scene 3
"Già d'insolito ardore"

Gioachino Rossini
(1792-1868)

ca - ro tri - on - fo no - vel - lo quan - to dol - ce a quest'al - ma sa-

rà! al mio fo - co, al traspor - to, al de - si - o, non re-

si - ste l'ac-ce - so cor mi - o: que - sto ca - ro tri - on - fo no-

vel - lo_ quan - to_ dol - ce_ a_ quest' al - ma sa - - -

(to ELVIRA)

rà! Voi par-ti - te — m'an-no-ia - te — ob-be-

rà,_____ a_que-st'al - ma_sa-rà,_____ a_que-st'al - ma sa-

rà, sì, sì,___ sa - rà.

ERNANI
ACT 1
"CHE MAI VEGG'IO!... INFELICE! E TU CREDEVI... L'OFFESO ONOR, SIGNORI"

Giuseppi Verdi
1813-1901

(entra improvvisamente)

ALLEGRO

SILVA

Che mai vegg'i _ _ o! Nel penetral più sacro di mia ma _

ALLEGRO

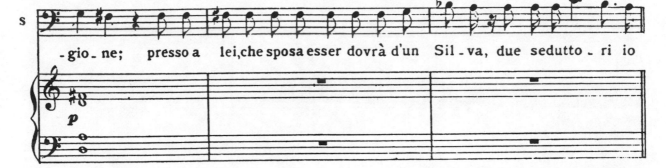

_ gio _ ne; presso a lei, che sposa esser dovrà d'un Sil _ va, due sedutto _ ri io

ALLEGRO

(entrano cavalieri e famigli, Giovanna ed ancelle

scorgo? Entrate, o _ là, miei fi _ di ca _ va _ lie _ ri...

Sia ognun testimon del diso_

_ba _ to! Mi do_ve_vanglian_ni alme_no far di gelo,far di gelo ancora il

cor, far di ge_lo ancor il cor, far.......... di ge _ lo ancora il

cor, mi doveangli anni al_me _ _no far di ge _ _ lo, far di gelo ancora il

(4 taps to pick-up)

cor, ancora il cor, anco _ _ _ _ ra, ancora il cor.

p

fin................. che un brando vindi_ce re_sta al vegliar_do an_

_co___ra, saprà.......................l'infa_mia terge_re, o

vin_to al suol   ca_drà!   Me fa tre_man_te il

su_bi_to   sde_gno che mi   di_vo_ra.................... cer_

_can _ _ _do il sen del perfi_do   la man non tre _ me _

_rà,   cercando il sen del per_fi_do   la man non treme_rà,   non tre _ me_

-rà, non tre - me - rà, cercando il sen del per_fi_do la man non tre me_

-rà, la man,.... la man,... no, no, non treme - rà, la man non treme_

T: _rà,..................... la man non tre _ me _ rà.

su - bi-to   sde - gno che mi   di - vo - ra...................... cer-

-can - - - doil sen del perfi - do   la man   non tre - - me-

-rà,   cercando il sen del perfido la man non treme - rà,   non tre - - me-

-rà,   non tre - me - rà,   cercando il sen del perfi-do la man non treme-

rà, non tre _ me _ rà, non tre _ _ me _ _

_rà.

MACBETH
ACT II
"STUDIA IL PASSO...COME DEL CIEL PRECIPITA"

Giuseppi Verdi
1813-1901

(Enter Banquo and his son, Fleance.)

BANCO

Studia il passo, o mio figlio! u_

sciam da queste te_nèbre... un senso i_gno_to na_scer mi sen_to in

pet _ to pien di tri_sto pre_sa_gio e di so_spet _ to.

LA SONNAMBULA

ACT I

"VI RAVVISO, O LUOGHI AMENI"

Vincenzo Bellini
(1801-1835)

La Sonnambula
Act I

"Tu non sai con quei begli occhi"

Vincenzo Bellini
1801-185

Tu non sa - i con quei be-gli oc - chi co - me dol-ce il cor mi

toc - chi, qual ri-chia - mi ai pen-sier mie - i a - do-ra - bi-le a-do-ra-bi-le bel-

I Puritani
Act II

"Cinta di fiori"

Vincenzo Bellini
(1801-1835)

GIOR.

Cinta di

G

fio_ri e col bel crin di_sciol _ to talor la ca _ ra vergi_ne s'ag_gi _ _ ra; e chiede al_

G

_l'aura, ai fior con mesto vol _ to: Ove andò Elvira, ove andò, o_ve an_dò! Bianco ve_

OPERA with ORCHESTRA

Music Minus One is proud to present the finest arias in the operatic reper-toire—now available with full orchestral accompaniment! We have brought the finest European vocalists and orchestras together to create an unparalleled experience—giving you the opportunity to sing opera the way it was meant to be performed. All titles are now CD+Graphics encoded so you can see the lyrics on your television screen in real-time—and, as always, the full printed vocal score is included as well.

Soprano

BELLINI La Sonnambula: Scenes and Arias for Soprano and Orchestra

Zvetelina Maldjanska - Plovdiv Philharmonic Orchestra/Todorov   **MMO CDG 4064**

La Sonnambula - Act I, Scene 2: 'Care compagne' (Amina); La Sonnambula - Act I, Scene 2: 'A te, dileta, tenera madre' (Amina); La Sonnambula - Act I, Scene 2: 'Come per me sereno' (Amina); La Sonnambula - Act I, Scene 2: 'Sovra il sen' (Amina); La Sonnambula - Finale: 'Ah! Se una volta sola' (Amina); La Sonnambula - Finale: 'Ah! Non credea mirarti' (Amina); La Sonnambula - Finale: 'Ah! Non giunge' (Amina)

BELLINI Opera Scenes and Arias for Soprano and Orchestra

Zvetelina Maldjanska - Plovdiv Philharmonic Orchestra/Todorov   **MMO CDG 4063**

Norma: 'Casta Diva' (Norma); Norma: 'Fine al rito' (Norma); Norma: 'Ah! Bello a mi ritorna' (Norma); I Puritani: 'Qui la voce sua soave' (Elvira); I Puritani: 'Vien, diletto' (Elvira)

DONIZETTI Soprano Arias with Orchestra

Zvetelina Maldjanska - Plovdiv Philharmonic Orchestra/Todorov   **MMO CDG 4058**

Don Pasquale – Act I, Scene 4: 'Quel guardo il cavaliere...So anch'io la virtù magica' (Norina); Lucia di Lammermoor – Act I, Scene 2: 'Quella fonte... – Regnava nel silenzio – Quando rapito in estasi' (Lucia); Lucia di Lammermoor - Act II, Scene 5: 'Il dolce suono – Ardon gl'Incensi – Alfin son tua – spargi d'amaro pianto' (Lucia)

DVORAK and TCHAIKOVSKY Soprano Arias with Orchestra

Zvetelina Maldjanska - Orchestra of the Sofia National Opera/Todorov   **MMO CDG 4076**

Dvorak: Rusalka - Act I: 'Mesicku na nebi hlubokem' ('Song to the Moon') (Rusalka); **Tchaikovsky:** Queen of Spades (Pique Dame) - Act I: 'Otkuda eti slezy' (Lisa); Evgeny Onegin - Act II, Scene 2: 'Puskai pogibnu ya' (The Letter Scene) (Tatiana)

French Opera Arias for Soprano and Orchestra

Zvetelina Maldjanska - Plovdiv Philharmonic Orchestra/Todorov **MMO CDG 4070**

Bizet: Carmen: 'C'est des contrabandiers le refuge ordinaire...Je dis que rien ne m'épouvante' (Micaela); **Delibes:** Lakme: Scène et Légende de la Fille du Paria (the Bell Song) (Lakme); **Gounod:** Roméo et Juliette: 'Je veux vivre' (Juliette); **Offenbach:** Les Contes d'Hoffmann (Tales of Hoffman): 'Les oiseaux dans la charmille' (Doll's Song) (Olympia); **A. Thomas:** Mignon: Polonaise of Philina (Philina)

MOZART Opera Arias for Soprano and Orchestra, vol. I

Zvetelina Maldjanska - Plovdiv Philharmonic Orchestra/Todorov   **MMO CDG 4060**

Don Giovanni - Act II: 'In quali eccessi, o Numi...Mi tradì quell' alma ingrata' recitativo and aria (Donna Elvira); Die Zauberflöte (The Magic Flute) - Act II: 'Ach, ich fühl's, es ist verschwunden' (Pamina); Le Nozze di Figaro (The Marriage of Figaro) - Act III: 'E Susanna non vien!...Dove sono I bei momenti' - recitativo and aria (La Contessa); Le Nozze di Figaro (The Marriage of Figaro) - Act IV: 'Giunse alfin il momento...Deh Vieni, non tardar' - recitativo and aria (Susanna); Entführung aus dem Serail, Die - Act II: 'Martern aller Arten' (Constanze)

MOZART Opera Arias for Soprano and Orchestra, vol. II

Snejana Dramtcheva - Plovdiv Philharmonic Orchestra/Todorov   **MMO CDG 4065**

Die Zauberflöte (The Magic Flute) - Act I: 'O zitt're nicht, mein lieber Sohn...Zum Leiden bin ich auserkoren' (Queen of the Night); Die Zauberflöte (The Magic Flute) - Act I: 'Zum Leiden bin ich auserkoren' (Queen of the Night); Entführung aus dem Serail, Die - Act II: 'Durch Zärtlichkeit und Schmeicheln' (Blonde); Entführung aus dem Serail, Die - Act II: 'Welche Wonne, welche Lust herrscht nun mehr in meiner Brust' (Blonde); Così Fan Tutte - Act II: 'Una donna a quindici anni' (Despina); Don Giovanni - Act I: 'Batti, batti, o bel Masetto' (Zerlina); Don Giovanni - Act II: 'Vedrai, carino, se sei buonino' (Zerlina)

MOZART Opera Arias for Soprano and Orchestra, vol. III

Zvetelina Maldjanska - Orchestra of the Sofia National Opera/Todorov   **MMO CDG 4087**

Don Giovanni - Act I: 'Or Sai chi l'onore' (Dona Anna); Don Giovanni - Act II: 'Credele! Ah no, mio bene' (Dona Anna); Mitridate - Act I: 'Al destin, che la minaccia' (Aspasia); Entführung aus dem Serail, Die - Act I: 'Ach, ich liebte, war so glücklich' (Constanze); Entführung aus dem Serail, Die - Act II: 'Welcher Wechsel herrscht in meiner Seele...Traurigkeit ward mir zum Lose' (Constanze)

PUCCINI Arias for Soprano with Orchestra, vol. I

Zvetelina Maldjanska - Festival Orchestra of Bulgaria/Todorov　　**MMO CDG 4053**

La Bohème - Act I: 'Mi chiamano Mimì' (Mimì); La Bohème - Act II: 'Quando me'n vo' soletta la via' (Musetta); La Bohème - Act III: 'Donde lieta uscì' (Mimì); Gianni Schicchi: 'O mio babbino caro' (Lauretta); Turanodot - Act I: 'Signore, ascolta!' (Liù); Turandot - Act III: 'Tu che di gel sei cinta' (Liù)

PUCCINI Opera Arias for Soprano and Orchestra, vol. II

Zvetelina Maldjanska - Orchestra of the Sofia National Opera/Todorov　　**MMO CDG 4079**

Tosca, Act I: 'Non la sospiri' (Floria Tosca); Madama Butterfly - Act II: 'Quell'ultima mattina…' (Cio-Cio-San); Madama Butterfly - Act II: '…Un bel dì' (Cio-Cio-San); La Rondine - Act I: 'Chi il bel sogno di Doretta' (Magda); La Rondine - Act I: 'Fanciulla, e sbocciato l'amore!' (Magda); Suor Angelica: 'Senza mamma, bimbo, tu sei morto' (Angelica)

Soprano Arias with Orchestra, vol. I

Zvetelina Maldjanska - Vidin Philharmonic Orchestra/Todorov　　**MMO CDG 4052**

Bizet: Pêcheurs de Perles, Les: 'Me voilà seule dans la nuit'; **Meyerbeer:** Dinorah: 'Ombre légère qui suis mes pas' (Shadow song) (Dinorah); **Mozart:** Die Zauberflöte (The Magic Flute) - Act II: 'Ach, ich fühl's, es ist verschwunden' (Pamina); **Puccini:** La Bohème - Act I: 'Mi chiamano Mimì' (Mimì); **Verdi:** I Vespri Siciliani - Act V: 'Mercè, dilette amiche' (Siciliana d'Elena) (Elena)

Soprano Arias with Orchestra, vol. II

Zvetelina Maldjanska - Festival Orchestra of Bulgaria/Todorov　　**MMO CDG 4054**

Mozart: Recitative and Aria - 'Ergo Interest, an quis…Quære Superna,' KV143; Le Nozze di Figaro (The Marriage of Figaro) - Act II: 'Venite, inginocchiatevi' (Susanna); Le Nozze di Figaro (The Marriage of Figaro) - Act IV: 'Giunse alfin il momento…Deh Vieni, non tardar' (Susanna); **Puccini:** Tosca - Act II: 'Vissi d'arte, vissi d'amore' (Tosca); **Weber:** Freischütz, Der: 'Und ob die Wolke sie verhülle' (Agathe)

VERDI Soprano Arias with Orchestra, vol. I

Zvetelina Maldjanska - Plovdiv Philharmonic Orchestra/Todorov　　**MMO CDG 4059**

La Traviata - Act I: 'È strano! È strano!…Ah fors'è lui che l'anima solinga ne' tumulti…Follie! Sempre libera' (Violetta); I Vespri Siciliani - Act V: 'Mercè, dilette amiche' (Siciliana d'Elena) (Elena); Falstaff - Act III: 'Sul fil d'un soffio etesio' (Nannetta); Otello - Act IV: 'Piangea cantando' (The Willow Song) (Desdemona); Rigoletto - Act I: 'Caro nome' (Gilda); La Traviata - Act III: Scene 'Attendo, attendo…' and aria 'Addio del passato' (Violetta)

VERDI Soprano Arias with Orchestra, vol. II

Zvetelina Maldjanska - Orchestra of the Sofia National Opera/Todorov　　**MMO CDG 4072**

Ernani - Act I: 'Sorta e la notte…' (Elvira); Ernani - Act I: '…Ernani! Ernani, involami' (Elvira); Rigoletto - Act II: 'Tutte le feste al tempio' (Gilda); Un Ballo in Maschera - Act I: 'Volta la terrea' (Oscar); Un Ballo in Maschera - Act III: 'Saper vorreste' (Oscar); Otello - Act IV: 'Ave Maria' (Desdemona)

VERDI Soprano Arias, vol. III

Zvetelina Vassileva - Orchestra of the Sofia National Opera/Todorov　　**MMO CDG 4091**

Il Trovatore - Act IV: 'Timor di me ?…' (Leonora); Il Trovatore - Act IV: '…D'amor sull'ali rosee' (Leonora); La Forza del Destino - Act IV: 'Pace, pace, mio Dio' (Leonora); Don Carlo - Act V: 'Tu che le vanità conoscesti del mondo' (Elisabetta); Un Ballo in Maschera - Act II: 'Ecco l'orrido campo…' (Amelia); Un Ballo in Maschera - Act II: '…Ma dell'arido stelo divulsa' (Amelia)

Mezzo-Soprano

French & Italian Opera Arias for Mezzo-Soprano and Orchestra

Ivanka Ninova - Plovdiv Philharmonic Orchestra/Todorov MMO CDG 4062

Bizet: Carmen: 'L'amour est un oiseau rebelle' (La Havanaise) (Carmen); **Cilea:** Adriana Lecouvreur: 'Acerba volutta…Ogni eco, ogni ombra' (La Principessa); **Donizetti:** La Favorita: 'Fia dunque vero?' (Leonora); **Mascagni:** Cavalleria Rusticana: 'Voi lo sapete, o mama' (Santuzza); **Ponchielli:** La Gioconda - 'Voce di donna o d'angelo' (Cieca); **Saint-Saens:** Samson et Dalila - Act II: 'Samson, recherchant ma présence' (Dalila)

MOZART Opera Arias for Mezzo-Soprano and Orchestra

Irena Petkova - Plovdiv Philharmonic Orchestra/Todorov MMO CDG 4068

Idomeneo - Act III: 'No, la morte, la morte io non pavento' (Idamante); Le Nozze di Figaro (The Marriage of Figaro) - Act II: 'Voi, che sapete che cosa è amor' (Cherubino); Così Fan Tutte - Act II: 'È Amore un ladroncello' (Dorabella); Così Fan Tutte - Act I: 'Smanie implacabili' (Dorabella); La Clemenza di Tito - Act I: 'Parto, parto, ma tu ben mio' (Sesto)

VERDI Arias for Mezzo-Soprano with Orchestra

Ivanka Ninova - Plovdiv Philharmonic Orchestra/Todorov MMO CDG 4055

Il Trovatore - Act II: 'Condotta ell'era in ceppi' (Azucena); Il Trovatore - Act II: 'Stride la vampa!' (Azucena); Don Carlo - Act IV: 'O don fatale' (Eboli); Don Carlo - Act II: 'Nei giardin del bello' (Eboli); Nabucco - Act IV: 'Oh, dischiuso, è il firmamento' (Fenena)

Tenor

Arias for Tenor and Orchestra from the repertoire of Andrea Bocelli
Miroslav Christoff - Plovdiv Philharmonic Orchestra/Todorov   MMO CDG 4069
di Capua: 'O Sole Mio!; **Cilea:** L'Arlesiana: Lamento di Federico (Federico); **Donizetti:** L'Elisir d'Amore: 'Una furtiva lagrima' (Nemorino); **Puccini:** Turandot - Act III: 'Nessun dorma' (Calaf); **Schubert:** Ellens Gesang III: 'Ave Maria', op. 52, no. 6; **Verdi:** Rigoletto - Act III: 'La donna è mobile' (Duca); Macbeth - Act IV: 'O figli, o figli miei!…' (Macduff); Macbeth - Act IV: 'Ah, la paterna mano' (Macduff)

Italian Tenor Arias with Orchestra
Kamen Tchanev - Plovdiv Philharmonic Orchestra/Todorov   MMO CDG 4057
Donizetti: L'Elisir d'Amore: 'Una furtiva lagrima' (Nemorino); **Puccini:** La Bohème - Act I: 'Che gelida manina' (Rodolfo); Tosca - Act I: 'Recondita armonia' (Cavaradossi); **Verdi:** Rigoletto - Act III: 'La donna è mobile' (Duca); La Traviata - Act II: scene and aria: 'Lunge da Lei…De' miei bollenti spiriti' (Alfredo)

Italian Tenor Arias with Orchestra, vol. II
Rumen Doicov - Orchestra of the Sofia National Opera/Todorov   MMO CDG 4073
Mascagni: Cavalleria Rusticana, Finale: 'Mamma, mamma, quel vino è generoso' (Turiddu); **Ponchielli:** La Gioconda: 'Cielo e mar' (Enzo); **Verdi:** Otello, Act III: 'Dio! Mi potevi' (monologue) (Otello); La Forza del Destino, Act III: La vita è inferno… (Alvaro); La Forza del Destino, Act III: …Oh, tu che in seno agl'angeli (Alvaro); Aida, Act I: 'Se quel guerrier…' (Radames); Aida, Act I: '…Celeste Aida' (Radames)

PUCCINI Arias for Tenor and Orchestra, vol. I
Vesselin Hristov - Plovdiv Philharmonic Orchestra/Todorov   MMO CDG 4061
Manon Lescaut - Act I: 'Donna non vidi mai simile a questa!' (Des Grieux); La Bohème - Act I: 'Che gelida manina' (Rodolfo); Tosca - Act I: 'Recondita armonia' (Cavaradossi); Tosca - Act III: 'E lucevan le stelle' (Cavaradossi); Madama Butterfly - Act II: 'Addio, Fiorito asil' (Pinkerton); Turandot - Act I: 'Non piangere, Liù!' (Calaf); Turandot - Act III: 'Nessun dorma!' (Calaf)

Romantic Arias for Tenor & Orchestra
Rumen Doicov - Orchestra of the Sofia National Opera/Todorov   MMO CDG 4085
Donizetti: Lucia di Lammermoor, Act III: 'Tombe degl'avi miei…' (Edgardo); Lucia di Lammermoor - Act III: '…Fra poco a me ricovero' (Edgardo); **Gomes:** Fosca: Fosca's Aria (Fosca); **Leoncavallo:** I Pagliacci, Act I: 'Vesti la giubba' (Canio/Pagliaccio); **Massenet:** Werther, Act III: 'Pourquoi me réveiller?' (Werther); **Meyerbeer:** L'Africana (L'Africaine), Act IV: 'Mi batte il cor…O Paradiso' (Vasco)

VERDI Opera Arias for Tenor and Orchestra
Miroslav Christoff - Plovdiv Philharmonic Orchestra/Todorov   MMO CDG 4067
Rigoletto - Act I: 'Questa o quella' (Duca); Un Ballo in Maschera - Act I: 'Di' tu se fedele' (Riccardo); Un Ballo in Maschera - Act III: 'Forse la soglia attinse' (Riccardo); Un Ballo in Maschera - Act III: 'Ma se m'è forza perderti' (Riccardo); Ernani - Act I: 'Mercè, dilette amici' (Ernani); Rigoletto - Act II: 'Ella mi fù rapita!…Parmi veder le lagrime' (Rigoletto); Don Carlo (4-Act version) - Act I, Scene 1: 'Io l'ho perduta' (Don Carlo)

Bass-Baritone

Bass-Baritone Arias with Orchestra, vol. I
Ivajlo Djourov - Philharmonic Orchestra of Bulgaria/Todorov MMO CDG 4056
Mozart: Le Nozze di Figaro (The Marriage of Figaro) - Act III: 'Vedrò mentr'io sospiro' (Il Conte); Le Nozze di Figaro (The Marriage of Figaro) - Act I: 'Se vuol ballare, signor contino' (Figaro); **Puccini:** La Bohème - Act IV: 'Vecchia zimarra' (Colline); **Rossini:** Il Barbiere di Siviglia, Act I: 'La callunia è un venticello' (Basilio); **Verdi:** Simon Boccanegra: 'Il lacerato spirito' (Fiesco)

Bass-Baritone Arias with Orchestra, vol. II
Ivajlo Djourov - Plovdiv Philharmonic Orchestra/Todorov   MMO CDG 4066
Beethoven: Fidelio: 'Hat man nicht auch Gold daneben' (Rocco); **Gounod:** Faust: 'Vous qui faites l'endormie' (Mephistopheles); **Mozart:** Le Nozze di Figaro (The Marriage of Figaro) - Act I: 'Non più andrai' (Figaro); Don Giovanni - Act I: 'Madamina! Il catalogo è questo' (Leporello); **Rachmaninov:** Aleko - Act I: Aleko's cavatina (Aleko)

Italian Opera Arias for Bass-Baritone Arias with Orchestra
Ivajlo Djourov - Plovdiv Philharmonic Orchestra/Todorov   MMO CDG 4071
Bellini: La Sonnambula - Act I: 'Vi ravviso, o luoghi ameni' (Il Conte Rodolfo); La Sonnambula - Act I: 'Tu non sai con quei begli occhi' (Il Conte Rodolfo); **Donizetti:** Don Pasquale, Act I: 'Ah! Un foco insolito' (Don Pasquale); **Rossini:** L'Italiana in Algeri, Act I, Scene 3: 'Già d'insolito ardore' (Mustafà); **Verdi:** Ernani - Act I: 'Che mai vegg'io !…' (Silva); Ernani - Act I: '…Infelice! E tu credevi…' (Silva); Ernani - Act I: '…L'offeso onor, signori' (Silva); Macbeth - Act II: 'Studia il passo…' (Banco); Macbeth - Act II: '…Come dal ciel precipita…' (Banco)

Russian Opera Arias for Bass-Baritone
Orlin Anastasov - Orchestra of the Sofia National Opera/Todorov   MMO CDG 4090
Glinka: Ivan Susanin: Susanin's Aria (Susanin); **Mussorgsky:** Prinz Igor: 'Greshno tait…' (Galitzky); **Rachmaninov:** Aleko: 'Volshebnoj Siloj' (Aleko); **Tchaikovsky:** Evgeny Onegin: 'Ljubvi vse vozrasti…' (Gremin); Iolanthe: 'Uje li rokom…' (King Rene)

VERDI Bass-Baritone Arias with Orchestra
Rangelov, Svetlosar - Orchestra of the Sofia National Opera/Todorov   MMO CDG 4078
Attila - Act I: 'Mentre gonfiarsi l'anima' (Attila); I Vespri Siciliani - Act II: 'O patria, o caro patria…O tu, Palermo' (Procida); Don Carlo - Act IV: Introduction & Scene - 'Ella giammai m'amò…Dormirò sol nel manto mio regal' (Philippe); Nabucco - Act II: 'Vieni, o Levita!…' (Zaccaria); Nabucco - Act II: '…Tu sul labbro de veggenti' (Zaccaria)

 For the entire Opera with Orchestra catalogue visit MMO on the web at
WWW.MUSICMINUSONE.COM

TO ORDER BY PHONE CALL 1-800-669-7464 (U.S.) • **914-592-1188** (INTERNATIONAL)

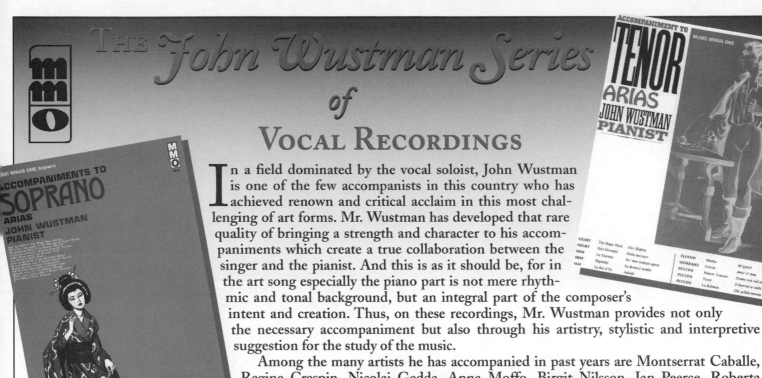

THE John Wustman Series of VOCAL RECORDINGS

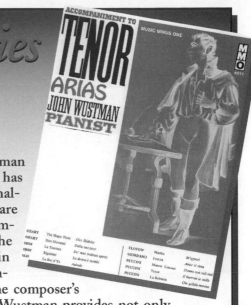

In a field dominated by the vocal soloist, John Wustman is one of the few accompanists in this country who has achieved renown and critical acclaim in this most challenging of art forms. Mr. Wustman has developed that rare quality of bringing a strength and character to his accompaniments which create a true collaboration between the singer and the pianist. And this is as it should be, for in the art song especially the piano part is not mere rhythmic and tonal background, but an integral part of the composer's intent and creation. Thus, on these recordings, Mr. Wustman provides not only the necessary accompaniment but also through his artistry, stylistic and interpretive suggestion for the study of the music.

Among the many artists he has accompanied in past years are Montserrat Caballe, Regine Crespin, Nicolai Gedda, Anna Moffo, Birgit Nilsson, Jan Peerce, Roberta Peters, Elisabeth Schwarzkopf, Renata Scotto and William Warfield.

Mr. Wustman has become known to millions of television viewers as the accompanist to Luciano Pavarotti in his many appearances in that medium.

Lieder

Arias

Laureate Series CONTEST SOLOS

AVAILABLE FROM FINE MUSIC AND RECORD DEALERS
OR VISIT US AT WWW.MUSICMINUSONE.COM
TO ORDER BY PHONE CALL 1-800-669-7464 (U.S.) • 914-592-1188 (INT'L) MMO 4071

MUSIC MINUS ONE
50 Executive Boulevard
Elmsford, New York 10523-1325
800-669-7464 (U.S.)/914-592-1188 (International)

www.musicminusone.com
e-mail: mmogroup@musicminusone.com